Die Adventszeit beginnt im Winter. Draußen wird es dann schon früh dunkel. Deshalb schmücken viele Menschen ihre Häuser und Wohnungen mit Lichtern.

Der erste Advent ist immer ein Sonntag. Auf dem Adventskranz wird jetzt die erste Kerze angezündet. Jeden Sonntag folgt dann ein weiteres Licht.

Mit dem Adventskalender zählt man die Tage bis zum Weihnachtsfest. Adventskalender können ganz unterschiedlich aussehen. Aber in allen stecken 24 kleine Überraschungen. Das kann ein schönes Bild, ein Stück Schokolade oder sogar ein kleines Geschenk sein. Am 1. Dezember geht es los. Ab jetzt darf man jeden Tag ein Türchen öffnen. Am 24. Dezember gibt es die letzte Überraschung – denn dann ist Heiligabend.

# Die Weihnachtsgeschichte

Die Weihnachtsgeschichte erzählt von der Geburt Jesus Christus: Vor langer Zeit wollte Kaiser Augustus wissen, wie viele Menschen in seinem Reich leben. Deshalb reiste die schwangere Maria gemeinsam mit ihrem Mann Joseph in die Stadt Bethlehem. Denn hier sollten sie sich melden, um gezählt zu werden.

Als sie endlich ankamen, war Maria sehr erschöpft. Doch die beiden fanden keine Unterkunft. Sie klopften an den Türen der Herbergen, aber sie wurden überall abgewiesen.

Sie fanden nur einen Stall, in dem sie schlafen konnten. In der Nacht kam Marias Kind Jesus auf die Welt. Maria wickelte Jesus in ein Tuch und legte ihn auf das Heu in der Futterkrippe.

Nicht weit vom Stall entfernt hüteten Hirten ihre Schafe. Plötzlich erschien ihnen ein Engel. Er erzählte, dass Jesus, der Sohn Gottes, geboren wurde. Schnell brachen die Hirten auf, um Jesus zu begrüßen. Ein großer Stern am Himmel zeigte ihnen den Weg zum Stall.

Auch drei Gelehrte aus einem fernen Land hatten den Stern am Himmel gesehen. Wir nennen sie die Heiligen Drei Könige. Sie hatten gelesen, dass der Stern die Geburt eines mächtigen Königs ankündigt. Deshalb hatten sie sich auf den Weg gemacht, um Jesus zu sehen.

Heute backen Theo und Lisa Plätzchen! Mit kleinen Formen stechen die Kinder Figuren aus dem Teig aus und verzieren sie. Die ersten Plätzchen sind schon im Ofen. Mmmh, wie das duftet!

# Bald ist Weihnachten!

Im Advent wird alles für das Weihnachtsfest vorbereitet: Es werden Plätzchen gebacken, Weihnachtsschmuck gebastelt und die Zimmer festlich geschmückt. Viele Kinder schreiben oder malen außerdem einen Wunschzettel. Darauf steht dann alles, was sie sich zu Weihnachten wünschen.

Süßer Stollen mit getrockneten Früchten ist eine besondere Leckerei in der Weihnachtszeit.

Dieses süße Haus besteht aus Lebkuchen.

Anne und Felix basteln Sterne und Engel aus Goldpapier. Die Sterne hängen sie gleich ans Fenster. Die Engel wollen sie Oma und Opa zu Weihnachten schenken.

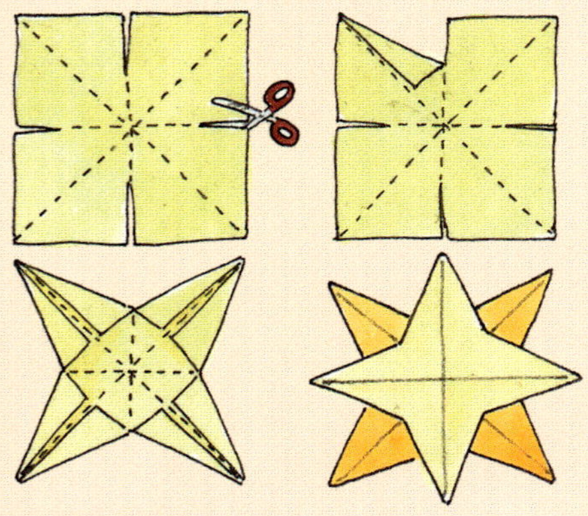

## Bastelspaß

Für einen Weihnachtsstern brauchst du zwei viereckige Blätter Papier. Frage einen Erwachsenen, ob er dir beim Schneiden und Falten hilft. So müsst ihr falten: zweimal in der Mitte und zweimal diagonal. Lass dann an den eingezeichneten Stellen das Papier etwas einschneiden und klappe die Seiten nach innen. Wiederholt das Ganze mit dem zweiten Papier. Klebt die Sterne versetzt aufeinander. Fertig ist euer Weihnachtsstern!

So viele Weihnachtsbäume! Da ist es gar nicht einfach, einen auszusuchen. Aber endlich haben Papa, Nino und Maria einen Baum gefunden, der allen gefällt.

Hast du auch schon einen Wunschzettel für Weihnachten?

Mitten im Advent wird das Nikolausfest gefeiert. Noah und Mia putzen am Vorabend ihre Schuhe und stellen sie vor die Tür. Sie hoffen, dass sie der Nikolaus nachts mit Schokolade füllt.

# Auf dem Weihnachtsmarkt

Heute besuchen die Kinder den Weihnachtsmarkt in ihrer Stadt. Hier gibt es so viel zu sehen! Viele kleine Holzbuden reihen sich aneinander, an denen man die unterschiedlichsten Dinge kaufen kann: Kerzen, warme Mützen, Leuchtsterne oder Weihnachtsschmuck. Es duftet nach gebrannten Mandeln und Weihnachtspunsch. Auf einer kleinen Bühne singt ein Kinderchor Weihnachtslieder. Und dort hinten dreht sich auch ein Karussell!

Solche Weihnachtspyramiden gibt es in vielen verschiedenen Größen.

An den Essensständen werden Würstchen, Lebkuchen, Waffeln und noch vieles mehr angeboten. Eine besondere Leckerei sind heiße Maronen oder Esskastanien.

## Wo ist das?

Findest du diese Dinge auf dem Weihnachtsmarkt?

Viele Weihnachtsmärkte haben den ganzen Advent über geöffnet.

# Frohe Weihnachten!

Endlich ist Weihnachten! Viele Menschen feiern das Fest mit ihren Familien oder Freunden. Es wird gemeinsam gegessen, gesungen und natürlich dürfen auch die Geschenke nicht fehlen. Am 24. Dezember ist Heiligabend. So nennt man den Abend vor Weihnachten. Am 25. und 26. Dezember ist dann Weihnachten.

Weihnachten ist ein christliches Fest. Deshalb gehen viele Menschen an den Weihnachtstagen in die Kirche. An Heiligabend finden am Nachmittag häufig Krippenspiele für Kinder statt.

Oft wird zu Weihnachten eine Krippe aufgestellt: In einem kleinen Stall stehen die Figuren von Maria und Joseph mit dem Jesuskind. Ein Ochse und ein Esel stehen dabei. Und auch Hirten, Schafe und die Heiligen Drei Könige kann man vor dem Stall entdecken.

Hier wird gemeinsam gesungen und musiziert. Kennst du auch ein Weihnachtslied?

Neugierig packen die Kinder ihre Päckchen aus. Ob wohl alle Wünsche in Erfüllung gehen?

## Kleine Forscher

Frag doch mal deine Mama, deinen Papa, deine Oma oder deinen Opa: Wie haben sie früher Weihnachten gefeiert, als sie klein waren? Genau so, wie du heute feierst?

# Unser Krippenspiel

Heute ist es soweit: Die Kinder führen ihr Krippenspiel im Kindergarten auf. Den ganzen Advent haben sie geprobt. Gemeinsam haben sie die Texte geübt und die Lieder für das kleine Theaterstück gelernt. Lina und Noel sind in die Kostüme von Maria und Joseph geschlüpft. Die anderen sind als Hirten, Schafe und Engel verkleidet. Nun singen und spielen sie die Weihnachtsgeschichte nach. Am Ende singen alle gemeinsam ein Weihnachtslied. Die Eltern klatschen begeistert Beifall. Das habt ihr toll gemacht!